300, rue Léon-Joulin, 31101 Toulouse Cedex 9

Loi 49.956 du 16.07.1949
ISBN : 2.7459.1410.3

Dépôt légal : 2e trimestre 2004

Imprimé en Belgique

www.editionsmilan.com

Collection dirigée par Valérie Tracqui

LE HÉRISSON

texte de Joëlle Pichon

Photos de l'agence Jacana

PATTE À PATTE

MILAN
jeunesse

L'HEURE DU RÉVEIL

Nous sommes en mars, l'hiver est fini. Depuis quelques jours le soleil réchauffe la terre et toute la campagne se réveille doucement. Les arbres s'habillent de feuilles vertes et les premiers chants d'oiseaux animent les bois et les jardins. Quels concerts ! Ils saluent l'arrivée du printemps et de ses fleurs.
Dans un jardin, à l'abri d'une haie, un hérisson s'étire et ouvre les yeux. Il prépare sa première sortie car il a faim. Il reste encore engourdi et pataud, ses gestes sont lents, car il vient de dormir pendant 5 mois dans ce nid douillet. En quelques heures, son corps se réchauffe. Le hérisson est maintenant bien réveillé. Amaigri mais en bonne santé, il part explorer son territoire à la recherche d'un solide petit déjeuner.

À son réveil, si le beau temps n'est pas au rendez-vous, le hérisson peut se rendormir quelques jours. Quel paresseux !

Le hérisson peut perdre durant l'hiver la moitié de son poids.

L'AMI DU JARDINIER

Le hérisson est un insectivore très gourmand. Il chasse en enfonçant son museau dans le sol humide. Il gratte les touffes d'herbes et fouine sous les feuilles à la recherche des vers de terre et des limaces dont il est friand. Et pour le dessert, il complète son menu avec des fruits, des baies et des racines. Par beau temps, il n'hésite pas à parcourir un long chemin pour trouver de quoi manger.

En une nuit, le hérisson peut croquer 60 chenilles et une bonne dizaine de grosses limaces.

On a beau aimer les insectes, il faut quelquefois faire attention au bout de son nez !

Parmi les insectes, au menu préféré des hérissons, il y a les hannetons et les carabes qu'ils dévorent avec délice, grâce à leurs dents pointues. Ils aiment aussi les mille-pattes, les petites grenouilles et les araignées. Lorsqu'une famille de hérissons est installée près d'une ferme, ils chassent parfois les petites souris et aident les jardiniers en croquant tous les ennemis du potager.

Le hérisson n'est pas un amateur de champignons. Ce qu'il préfère, ce sont les fourmis et les escargots qui se trouvent dessus et dessous.

BOULE DE PIQUANTS

Le hérisson est le seul habitant des campagnes à être vêtu d'un manteau constitué de 5 000 à 7 000 piquants, qui se renouvellent en permanence. Quand il se déplace dans l'herbe, son allure de jouet mécanique est unique et tout le monde le reconnaît.
Il mesure 25 cm et pèse en moyenne 1 kilo, mais, au mieux de sa forme, il peut doubler son poids. Ses pattes sont courtes, munies de griffes et sa queue est minuscule.
Avec de la chance, il peut vivre dans la nature jusqu'à l'âge de 7 ou 8 ans.
Ses yeux ne voient pas beaucoup plus loin que le bout de son museau pointu. Mais il a l'ouïe fine et, à la chasse, son flair est très sensible.
Dans le jardin, le nez au vent, il peut détecter sans problème une chenille ou une pomme tombée dans l'herbe.

En dehors des piquants, la peau du hérisson est recouverte de poils gris et raides qui ne lui tiennent pas très chaud. C'est pourquoi c'est un grand frileux, qui aime les endroits abrités.

Dès qu'il flaire
un danger...

... il dresse
ses piquants...

... et
se roule en boule.

DANSE D'AMOUR

Animal timide et prudent, le hérisson est d'habitude un solitaire qui rôde la nuit sur un large domaine. Mais à la saison des amours, les clairières et les jardins sont des lieux de rencontre très fréquentés par tout le peuple des hérissons. Chaque femelle se choisit un territoire, sur lequel elle supporte mal la présence de ses voisines. Tandis que les mâles vagabondent à la recherche de leur future compagne.

En une chaude nuit d'avril ou de mai, un mâle commence sa cour. Les adultes se touchent d'abord le museau et se donnent des petits coups de patte en se reniflant bruyamment. Le mâle cherche à contourner la femelle, mais celle-ci veut lui faire face. Il s'ensuit une ronde d'amour, qui peut durer plusieurs heures. Enfin, la belle est séduite et laisse le prétendant monter doucement sur son dos.

La hérissonne choisit un domicile : un potager, une prairie ou un jardin feront l'affaire.

Pendant l'accouplement, la femelle abaisse ses piquants pour ne pas blesser son compagnon.

Quand un mâle cherche une compagne, rien ne l'arrête, même pas l'eau car c'est un bon nageur.

UN NID POUR SES PETITS

Le mâle a continué son chemin à la rencontre de nouvelles dames. Le couple n'aura pas duré longtemps.
La hérissonne reste seule, mais elle est très occupée, car elle attend un heureux événement. Ses petits vont naître dans 1 mois environ. Vite, elle doit trouver un nouveau logement.

Ces quelques feuilles feront un bon matelas pour ses petits. Elle les transporte dans sa gueule jusqu'à son nid.

Un tas de bois est un bon logis, à condition qu'il ne soit pas trop près d'une maison.

Chic, elle a trouvé du tissu !

Pendant cette période fébrile, la femelle se risque parfois dans une cour de ferme, à la recherche d'une grange accueillante pour son futur nid douillet.

Tous les matériaux sont utiles pour servir de couette à sa nichée. Elle collecte des feuilles sèches, de la mousse, du foin et même des morceaux de tissu ou de papier si elle en trouve ! Elle doit aussi prendre des forces avant de mettre bas, et passe en fait l'essentiel de son temps à se nourrir. Et en chemin elle explore les moindres recoins, en soufflant bruyamment.

Lorsqu'elle attend des petits, la hérissonne a besoin de manger copieusement.

DES PETITES BOULES D'ÉPINES...

Le grand jour est arrivé. La hérissonne se couche sur le côté et met au monde, en quelques minutes, une famille de 4 à 7 petits. Chaque bébé naît tout rose et aveugle avec des piquants mous, cachés sous la peau

Maman hérisson transporte ses petits dans sa gueule, comme la chatte ses chatons, vers un nouvel abri.

Le nouveau-né pèse 20 g, le poids d'une gomme. Il a bien mangé et s'endort.

Le petit hérisson naît avec une centaine de piquants sur le dos.

La femelle possède 10 mamelles : de quoi nourrir une grande famille.

Les bébés hérissons, jusqu'à l'âge de 4 mois, ont des dents de lait qui tombent et sont remplacées.

En quelques minutes, les piquants se redressent et les nouveau-nés ressemblent à de petites pelotes d'épingles, blanches comme la neige. Les yeux s'ouvrent à l'âge de 2 semaines. Par vagues, des piquants bruns poussent entre les autres. Et, quand les petits en sont complètement recouverts, les piquants blancs tombent. Les petits hérissons, très affamés, tètent souvent le bon lait chaud de leur mère. Il leur faut grandir.

PREMIÈRES SORTIES

Les jeunes hérissons grandissent vite. Ils ont maintenant plus d'un mois et pèsent 10 fois plus qu'à leur naissance. Avec leurs dents de lait, ils croquent déjà quelques tendres proies, trouvées dans le jardin. Ils goûtent à tout et apprennent vite ce qui est bon ou mauvais pour eux. Mais la campagne est dangereuse pour les bébés hérissons et beaucoup d'entre eux meurent sur les routes...

Maintenant les jeunes quittent le nid, pour accompagner leur mère en promenade. Tout le monde la suit, sagement, à la queue leu leu. Maman hérisson enseigne à ses petits les secrets des insectes du potager, les bons lieux de chasse et leurs dangers. Mais à la moindre alerte, tout son petit monde retourne au nid pour téter ! Les petits hérissons ne sont pas encore autonomes. Ils ont besoin de la protection de leur maman.

La maman hérisson élève seule ses petits. Si la nourriture est abondante, elle aura 2 portées dans l'année, 1 en juin ou en juillet et 1 en septembre.

LA NUIT DE TOUS LES DANGERS

Bien qu'on puisse le croiser en plein jour, le hérisson est plutôt nocturne. Dès la tombée du jour, il quitte son logis et part explorer la campagne à la recherche de quelque chose à se mettre sous la dent. Ni les clôtures, sous lesquelles il se glisse, ni les murets, qu'il escalade, ne l'arrêtent.
Il peut vagabonder ainsi sur une très longue distance et se faufiler presque n'importe où en comprimant son manteau d'épines.

Soudain, à la lisière d'une forêt, le vagabond renifle la forte odeur d'un renard. Vite, il se roule en boule en contractant les muscles de son dos et rentre la tête. C'est sa seule défense.
Le renard s'approche, le fait un peu rouler, puis s'éloigne. Pour croquer cette boule hérissée de milliers de piquants, il aurait fallu qu'il ait très, très faim !

Un jeune est capable de se rouler en boule dès l'âge de 20 jours.
Et il peut rester dans cette position pendant des heures !

Quand le blaireau et le putois croquent un hérisson, ils le dépouillent et laissent souvent la peau au fond de leur terrier.

Un hérisson adulte en bonne santé a peu d'ennemis. Quand le hibou grand duc en mange, il recrache des piquants dans ses pelotes de réjection.

Pour échapper au danger, dommage que le hérisson ne sache pas plonger !

PETIT HÉRISSON DEVIENDRA GRAND

Six semaines sont passées.
La fin de l'été approche.
Les jeunes de la portée ont grandi et grossi.
Ils pèsent 300 g environ et se nourrissent tout seuls.
C'est maintenant l'heure de la dispersion de la famille.
La mère pousse les petits à la quitter. Ils vont vivre en solitaire comme leurs aînés.
Chacun se prépare à explorer le monde qui l'entoure.

Tiens, le chat de la maison ! Devinez qui aura le dessus ? Qui s'y frotte s'y pique !

BIZARRE, BIZARRE !

Parfois, le hérisson abaisse ses piquants.
Puis il se lèche et se couvre de bave.
Personne ne sait pourquoi !

Dans cette forêt de piquants vivent quelquefois plus de 500 puces. Et ça gratte !

Une légende raconte que le hérisson peut transporter des fruits dans ses piquants ou se couvrir de feuilles, mais ça arrive plutôt par hasard.

Dès qu'ils sont seuls, les jeunes doivent très vite se trouver un petit territoire et un logis pour passer l'hiver. Dans certains cas, à l'automne, il se peut que la femelle donne naissance à une deuxième portée. Mais si l'hiver arrive vite, les petits auront trop de mal à se nourrir et à accumuler des réserves pour hiberner. La plupart des bébés de cette portée vont ainsi mourir avant le printemps.

DORMIR TOUT L'HIVER

Les dernières feuilles mortes virevoltent dans le vent glacé. Les insectes et les vers se font rares et le sol durcit.
Le hérisson a de plus en plus de mal à trouver son repas. Peu importe le froid, c'est le manque de nourriture qui va obliger notre ami à dormir. Heureusement, il est bien gras car il a énormément mangé tout l'automne. Et maintenant, pour économiser ses dépenses d'énergie, il va vivre au ralenti : la température de son corps baisse ; son cœur bat de plus en plus lentement et le hérisson s'arrête presque de respirer. On dit qu'il hiberne. Pendant son sommeil, il va brûler les réserves de graisse qu'il a accumulées sous la peau durant la belle saison. À l'abri de broussailles, ou sous un tas de bois, il s'est roulé en boule dans un nid douillet, fait d'herbes et de feuilles sèches. La neige est là. Les arbres se couvrent de gel. Le hérisson s'en moque. Il rêve déjà au retour des beaux jours...

Si l'hiver n'est pas trop rigoureux, le hérisson peut se réveiller plusieurs fois et changer de nid.

Pour éviter de geler, le hérisson maintient la température de son corps entre 1 et 6 °C.

UN AMI VICTIME DE NOTRE CIVILISATION

Dans quelques pays d'Europe, le hérisson reste pourchassé. Les chasseurs l'accusent de manger les couvées de perdrix ou de faisans, et il est classé parmi les animaux nuisibles de la campagne ! Heureusement, le hérisson est très populaire dans beaucoup de pays, où il est considéré comme utile. En France, la loi le protège. Pourtant, parce qu'il vit souvent non loin de l'homme, notre héros, qui ne manque pas de piquants, a bien des ennuis...

Angelo Gandolfi est un ami des hérissons. Dans son jardin, il est toujours en épineuse compagnie !

Avoir un hérisson dans son jardin ?

Qui n'a pas rêvé d'avoir un hérisson dans son jardin ? On peut l'apprivoiser et il peut même devenir une charmante compagnie pour toute la famille ! Mais attention aux pièges mortels ! S'il y a un bassin, pense à installer un remonte-pente avec une planche. Et ne l'emprisonne jamais dans un enclos, car en été, si c'est une femelle, des petits l'attendent sûrement quelque part.

Comment les aider ?

Pour protéger les hérissons, tu peux les aider à trouver un abri. Le mieux est d'abandonner un petit tas de bois ou de pierres dans le fond du jardin. Tu peux aussi laisser dans un coin des feuilles mortes qui leur serviront à construire leur nid et à les nourrir à l'automne, avec des restes de repas, de la pâtée pour chien et un peu de lait. Pas trop, car cela leur donne la diarrhée. Et surtout, ne les réveille pas quand ils hibernent. En fuyant, ils utiliseraient leurs réserves et mourraient ensuite de faim.

Ce sont les jeunes hérissons de moins de 1 an qui sont le plus souvent empoisonnés.

Attention ! poison

Le hérisson, qui est l'allié des agriculteurs et des jardiniers, est à lui tout seul un insecticide naturel efficace. Malheureusement, il s'intoxique beaucoup avec les produits chimiques, les antilimaces ou autres substances utilisées par l'homme pour détruire les parasites de ses cultures. De plus, pour faciliter l'agriculture moderne, on détruit souvent les haies et les chemins creux dont le hérisson a besoin pour s'abriter et se nourrir.

Morts sur la route

Beaucoup de petites boules de piquants meurent écrasées sur les routes. Les mâles, qui se promènent tout le temps, sont 2 fois plus touchés que les femelles. On pense que le quart de la population de hérissons est décimé de cette manière chaque année.

LES AUTRES INSECTIVORES

Le hérisson d'Europe fait partie des mammifères insectivores avec les taupes et les musaraignes. Comme elles, il a un long museau et des petites dents très pointues. Dans le monde, parmi les 16 espèces de la famille des hérissons, la plupart ont un manteau de piquants ; ils vivent en Europe et en Afrique. Mais leurs lointains cousins d'Asie n'ont qu'une peau tout simplement poilue. Et d'autres animaux avec des piquants, comme les porcs-épics, ne font pas partie de la famille des hérissons, ce sont des rongeurs.

Le tenrec

Le tenrec est très commun à Madagascar. Il aime les régions chaudes et les terrains sablonneux dans lesquels il creuse son terrier. Il passe la saison sèche à dormir.

Le hérisson du désert

Le hérisson du désert porte bien son nom. Il habite les régions arides de l'Afrique. Dans la journée il reste au frais dans son terrier, mais la nuit il chasse les insectes et les lézards du désert.

La taupe

La taupe mène une vie souterraine. Elle fuit la lumière mais n'est pas aveugle. Son domaine se compose de galeries qu'elle creuse grâce à ses pattes en forme de pelles. Autrefois, on faisait des manteaux avec sa fourrure.

Le hérisson d'Algérie

Le hérisson d'Algérie vit en Afrique du Nord, en Espagne et aux îles Canaries. En été, dans les régions où il fait trop sec et trop chaud, il dort en attendant les pluies de l'hiver.

INDEX

CRÉDIT PHOTOGRAPHIQUE

Agence Jacana : A. GANDOLFI : 1re et 4e de couverture, p. 7, 8 (b), 9, 12 (h et b), 14 (h et b), 15 (hg), 16 (hd, mg et b), 17 (h et b), 18-19, 20, 22-23, 22 (bg), 23 (b), 26 (b), 27 (b) ; I. ARNDT : p. 5 ; P. PILLOUD : p. 6-7 ; H. SCHWIND : p. 8 (h), 11 (h) ; M. DANEGGER : p. 10-11, 13, 21 (hd et b), 22 (bd) ; C. NARDIN : p. 11 (m) ; P. LORNE : p. 11 (b) ; Z. MEHNER/HOAQUI : p. 15 (d) ; U. WALZ : p. 21 (hg) ; M. LOUP : p. 24-25 ; H. CHAUMETON : p. 25 (bd) ; ROUXAIME : p. 26-27 ; VARIN/VISAGE : p. 28 (b) ; J.-L. DUBOIS : p. 29 (hg et md) ; J.-P. CHAMPROUX : p. 29 (bg).

Montage maquette : Dominique DASTREVIGNE